女孩
nǚ hái   girl

婴儿
yīng er   baby

狗
gǒu   dog

猫
māo   cat

衣服 *yī fu* Clothes

鞋
xié shoes

内裤
nèi kù pants

套头衫
tào tóu shān jumper

Usborne

First hundred words

in Chinese

Heather Amery

Illustrated by Stephen Cartwright

Chinese language consultant: Chloé Wong

Edited by Jenny Tyler and Mairi Mackinnon

Designed by Mike Olley and Holly Lamont

 There is a little yellow duck to find in every picture.

客厅 *kè tīng* The living room

爸爸
bà ba Daddy

妈妈
mā ma Mummy

男孩
nán hái boy

汗衫
hàn shān vest

裤子
kù zi trousers

T 恤
tee xù t-shirt

短袜
duǎn wà socks

5

早餐 *zǎo cān* **Breakfast**

面包
miàn bāo bread

牛奶
niú nǎi milk

鸡蛋
jī dàn eggs

苹果
píng guǒ   apple

橙子
chéng zi   orange

香蕉
xiāng jiāo   banana

厨房 *chú fáng* **The kitchen**

桌子
zhuō zi table

椅子
yǐ zi chair

盘子
pán zi plate

8

刀子
dāo zi　knife

餐叉
cān chā　fork

勺子
sháo zi　spoon

杯子
bēi zi　cup

玩具 *wán jù* **Toys**

马
mǎ horse

羊
yáng sheep

母牛
mǔ niú cow

母鸡
mǔ jī   hen

猪
zhū   pig

火车
huǒ chē   train

积木
jī mù   bricks

拜访 *bài fǎng* On a visit

奶奶
nǎi nai Granny

爷爷
yé ye Grandpa

拖鞋
tuō xié slippers

外套
wài tào coat

连衣裙
lián yī qún dress

帽子
mào zi hat

公园

gōng yuán **The park**

树
shù tree

花
huā flower

秋千
qiū qiān swings

球
qiú ball

14

滑梯
huá tī   slide

靴子
xuē zi   boots

鸟
niǎo   bird

船
chuán   boat

街道 *jiē dào* The street

汽车
qì chē car

自行车
zì xíng chē bicycle

飞机
fēi jī plane

卡车
kǎ chē lorry

公共汽车
gōng gòng qì chē bus

房子
fáng zi house

聚会 *jù huì* The party

气球
qì qiú balloon

蛋糕
dàn gāo cake

时钟
shí zhōng clock

冰淇淋
bīng qí lín ice cream

鱼
yú fish

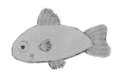
饼干
bǐng gān biscuits

糖果
táng guǒ sweets

19

游泳池

yóu yǒng chí **The swimming pool**

手臂
shǒu bì arm

手
shǒu hand

腿
tuǐ leg

20

脚
jiǎo   feet

脚趾
jiǎo zhǐ   toes

头
tóu   head

屁股
pì gu   bottom

更衣室

gēng yī shì   The changing room

嘴
zuǐ   mouth

眼睛
yǎn jing   eyes

耳朵
ěr duo   ears

22

鼻子
bí zi　nose

头发
tóu fa　hair

梳子
shū zi　comb

刷子
shuā zi　brush

商店

shāng diàn The shop

红色
hóng sè red

蓝色
lán sè blue

绿色
lǜ sè green

黄色
huáng sè　yellow

粉红色
fěn hóng sè　pink

白色
bái sè　white

黑色
hēi sè　black

浴室 *yù shì* The bathroom

肥皂
féi zào   soap

毛巾
máo jīn   towel

马桶
mǎ tǒng   toilet

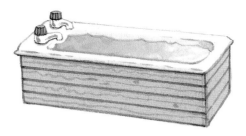

浴缸
yù gāng   bath

肚子
dù zi   tummy

鸭子
yā zi   duck

卧室

wò shì　The bedroom

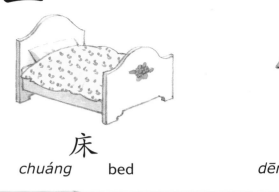

床
chuáng　bed

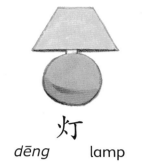

灯
dēng　lamp

窗户
chuāng hu　window

28

门
mén　door

书
shū　book

洋娃娃
yáng wá wa　doll

泰迪熊
tài dí xióng　teddy bear

Match the words to the pictures

书
shū

靴子
xuē zi

火车
huǒ chē

洋娃娃
yáng wá wa

汗衫
hàn shān

鱼
yú

球
qiú

蛋糕
dàn gāo

母牛
mǔ niú

套头衫
tào tóu shān

时钟
shí zhōng

香蕉
xiāng jiāo

餐叉
cān chā

鸭子
yā zi

窗户
chuāng hu

猫
māo

狗
gǒu

牛奶
niú nǎi

短袜
duǎn wà

桌子
zhuō zi

苹果
píng guǒ

帽子
mào zi

灯
dēng

床
chuáng

冰淇淋
bīng qí lín

刀子
dāo zi

汽车
qì chē

橙子
chéng zi

鸡蛋
jī dàn

泰迪熊
tài dí xióng

衣服 *shù zi* Numbers

1 一
yī one

2 二
èr two

3 三
sān three

4 四
sì four

5 五
wǔ five

1 一
yī one

2 二
èr two

3 三
sān three

4 四
sì four

5 五
wǔ five